# DAS WUNDERSAME
# PFLANZENREICH
# DES CHARLES JONES

SEAN SEXTON · ROBERT FLYNN JOHNSON

# DAS WUNDERSAME PFLANZENREICH
## DES CHARLES JONES

Vorwort von Alice Waters

Aus dem Englischen von Eva Richter

FREDERKING & THALER

*Seite 1*: Zwiebel, Ailsa Craig, 152 x 108 mm

*Titelseite*: Mohrrübe Long Red, 254 x 203 mm

*Seite 6*: Rübe Yellow Globe, 152 x 108 mm

*Seite 9*: Bohne Long Pod, 254 x 203 mm

Sean Sexton dankt an dieser Stelle folgenden Personen ganz besonders für ihre Mitarbeit an diesem Buch: Philippe Garner, John Benjafield, Steffen Wolff, Andy Cowan von Hamiltons, Vanessa Kramer und Susannah Harrison von Corbis, William A. Ewing, John McGuire, Dr. Murray MacKinnon, Ian Jack, Nick Burnett, David Robinson, Jennifer Vine.

Ein herzlicher Dank geht ferner an Clarissa Bruce für ihre photographische Arbeit.

Die Deutsche Bibliothek – CIP-Einheitsaufnahme
**Jones, Charles** : Das wundersame Pflanzenreich des Charles Jones / Sean Sexton ; Robert Flynn Johnson.
Vorw. von Alice Waters. Aus dem Engl. von Eva Richter. - München : Frederking und Thaler, 1999
ISBN 3-89405-402-6

Erstmals erschienen bei Thames & Hudson Ltd., London
© 1998 Sean Sexton
Titel der englischen Originalausgabe: The Plant Kingdoms of Charles Jones

© 1999 für die deutschsprachige Ausgabe
Frederking & Thaler Verlag, München,
in der Verlagsgruppe Bertelsmann GmbH

Alle Rechte vorbehalten

Übersetzung: Eva Richter, München
Lektorat: Irene Rumler, München
Herstellung und Satz: Caroline Sieveking, München
Umschlaggestaltung: Monika Neuser, München
Druck und Bindung: C.S. Graphics
Printed in Singapore

ISBN 3-89405-402-6

Der ganze oder teilweise Abdruck und die elektronische oder mechanische Vervielfältigung, gleich welcher Art, sind nicht erlaubt. Alle Rechte für die Fotos liegen bei Sean Sexton und müssen direkt dort eingeholt werden. Abdruckgenehmigungen in Verbindung mit der deutschsprachigen Buchausgabe erteilt der Frederking & Thaler Verlag.

Umwelthinweis: Das Papier wurde aus chlorfrei gebleichtem Zellstoff hergestellt und enthält keine Aufheller.
Die Einschweißfolie – zum Schutz vor Verschmutzung – ist aus umweltfreundlicher und recyclingfähiger PE-Folie.

# INHALT

**VORWORT** 7
von Alice Waters

**EINFÜHRUNG** 11
von Robert Flynn Johnson

**1 GEMÜSE** 24

**2 BLUMEN** 84

**3 FRÜCHTE** 106

**BILDNACHWEIS** 128

# VORWORT von Alice Waters

Ein Bund Radieschen. Eine Traube Weinbeeren. Eine einzelne Rübe. Eine Pyramide von Blumenkohlköpfen. Ein paar Tomaten, noch am Strauch. Mir stockte der Atem, als ich diese Bilder von Charles Jones zum ersten Mal sah. Seine Naturaufnahmen sind Zeugnisse einer ehrerbietigen Empfänglichkeit für die Schönheit der Früchte dieser Erde und so sehr im Einklang damit, daß die Rettung dieser Photos jeden Koch, der Wert legt auf naturbelassene, frische Zutaten, mit Dankbarkeit erfüllen wird.

Der Photograph muß Gärtner gewesen sein oder Koch – ein ausgezeichneter noch dazu, einer mit wachem, kühnem Blick. Wer sonst könnte derart lebendige Stilleben kreieren, Stilleben, die alles andere als »still« sind? Ein Koch oder Gemüsegärtner, der sie sich genauer ansieht, wird sofort erkennen, daß viele dieser Objekte vor der Ernte aufgenommen wurden, als sie noch im Wachsen waren, die übrigen vermutlich kurz danach. Die Lebendigkeit, die diese Bilder ausstrahlen, ist fast noch eindrucksvoller als die Perfektion der Formen und ihre natürliche Schönheit. An einem Strauch mit frischen Blüten und harzigen Blättern hängen Tomaten wie riesige schwarze Perlen, von innen erglüht. Eine große kugelige Rübe liegt, gleichsam hellwach, auf einer ebenen Oberfläche. Die grünen Blätter wurden weggeschnitten, und sie wirkt fühlbar glatt, wurde aber nicht geschrubbt und nicht gewachst. Ihr haftet noch ein wenig Schmutz an. Man hatte sie offensichtlich erst kurz zuvor ausgegraben, gestutzt und gesäubert.

Jede von Jones' Früchten, jede Blume, jedes Gemüse wurde so meisterhaft in Positur gebracht, daß das Besondere wie das Individuelle der jeweiligen Art zum Ausdruck kommt. Die Schlichtheit und Natürlichkeit der Kompositionen wird noch verstärkt durch die Schärfe und Nähe der Einstellung, wobei die Objekte in der Regel isoliert vor einem neutralen Hintergrund abgelichtet sind. Auf unwesentliche Details wurde verzichtet. Da gibt es kein überflüssiges Kraut und auch sonst nichts Überflüssiges. Jones lenkt unsere Aufmerksamkeit auf die Einzelheiten und die Einzigartigkeit jeweils nur eines Exemplars oder einiger weniger charakteristischer Exemplare. Dennoch, wenn er eine einzelne Favabohne in aufgeschlitzter Schote zeigt, so deutet er damit auch die vielen Körbe an, die es noch zu pflücken, zu enthülsen, zu schälen und zu essen gilt.

Nahrungsmitteln, die so lebendig aussehen, kann ein Koch nicht widerstehen. Jones' Photos illustrieren eindrucksvoll, daß Lebensmittel, welche gemeinhin als »frisch« bezeichnet werden – Lebensmittel, die Wochen vor dem Verzehr geerntet, Hunderte oder gar Tausende von Kilometern transportiert, wochenlang im Supermarkt und nochmals etliche Wochen zu Hause kühl gehalten werden –, dem Vergleich mit dem »Echten« nicht standhalten können: in der Region angebauter Nahrung, am Tag ihrer Verwertung reif gepflückt.

Gerade jetzt, am Ende dieses Jahrhunderts, da so viele Menschen obdachlos sind und hungern müssen – während andere, urbanisiert, einem Überangebot an ungesunden, denaturierten Nahrungsmitteln ausgesetzt sind –, führt uns Charles Jones' Kunst vor Augen, daß der Gartenbau heilig ist. Anders kann man es nicht nennen. Mögen wir, die wir uns an diesen Photos laben, uns dazu angeregt fühlen, die reichen Gaben der Natur und die Ehrfurcht davor zu einem unveräußerlichen Bestandteil unseres Lebens werden zu lassen.

1 *Charles Jones*, um 1904, Albumendruck, 152 x 108 mm

# Einführung

von Robert Flynn Johnson

>*»Wie schwer es doch ist, einfach zu sein.«*
>
>Vincent van Gogh in einem Brief an Paul Gauguin, 1890 [1]

Charles Harry Jones (Abb. 1) wurde 1866 als Sohn eines Metzgermeisters in Wolverhampton, England, geboren. Jones machte eine Gärtnerlehre. Wo und durch wen er seine Ausbildung und erste Anregungen erhielt, ist allerdings nicht bekannt. Er heiratete, siebenundzwanzigjährig, am 22. Februar 1894. In den 90er Jahren war er verschiedentlich privat als Gärtner in Stellung. So auch auf dem Gut Ote Hall in der Gemeinde Wivelsfield bei Burgess Hill in Sussex.

Dort tat sich Charles Jones immerhin so hervor, daß er in der Ausgabe von *The Gardeners' Chronicle* vom 20. September 1905 Erwähnung fand:

»Der derzeitige Gärtner, Charles Jones, trug wesentlich dazu bei, die Gärten in ihrer jetzigen Form anzulegen. So sind die Spuren seines Wirkens an neu hinzugekommenen Blumenbeeten und Rabatten sowie an frisch gepflanzten Obstbäumen etc. zu sehen. Kürzlich bereicherte er den Garten des Gutshauses um ein wunderschönes Blumenbeet von beachtlicher Größe. Es umschließt die große Rasenfläche in einer Art Halbkreis von mehreren hundert Metern Länge und birgt eine reiche, bunte Vielfalt winterfester Pflanzen, von denen das ganze Jahr hindurch stets einige blühen ... Einen ebenso erfreulichen Anblick wie die Ziergärten bieten der Gemüse- und insbesondere der Obstgarten. Mr. Jones ist ein begeisterter Obstgärtner, und die Freude an seinen gutgewachsenen Bäumen ist spürbar. Einen

Großteil hat er selbst gezüchtet, und es sei angemerkt, daß man nirgends schönere Exemplare findet, gleich ob Busch oder Pyramide, Spalierbaum oder Kordon ... Die Tatsache, daß es hier kaum Gewächshäuser gibt, kann Mr. Jones nicht daran hindern, Blumen und Obst in Fülle hervorzubringen ... Warme Ecken machte er durch Anbringung von Windschutz tauglich für den Anbau zarter Pflänzchen, und mit Hilfe einiger unbeheizter Abdeckungen erzielte er eine gute Ernte. Die Tomaten, die er in einer solch geschützten Ecke anbaute, unterschieden sich kaum von Gewächshaustomaten. Umgedrehte Strandkohldeckel dienten ihm als Pflanzentöpfe. Soviel zum Einfallsreichtum eines talentierten Gärtners, dem nicht gerade die beste Ausstattung zur Verfügung steht.«[2]

Irgendwann zwischen 1904 und 1910 zog Jones mit Frau und Kindern aus Ote Hall weg und ließ sich in Lincolnshire nieder. Wie er die Zeit bis zu seinem Tod ein halbes Jahrhundert später zubrachte, ist nicht bekannt. Familienangehörige, die noch am Leben sind, unter ihnen seine Enkelin Shirley Sadler, haben Jones als sehr zurückgezogen, unkommunikativen Menschen in Erinnerung, aus dessen Leben nur Einzelheiten bekannt sind: »Er soll eine Photoserie über Schloß Grimsthorpe in Bourne gemacht haben« ... »Im Zweiten Weltkrieg erhielt er von einem Ministerium den Auftrag, bestimmte Pflanzen anzubauen.« So reizvoll sich solche Anekdoten auch anhören – bestätigt sind sie nicht.

Noch in den 50er Jahren lebten Jones und seine Frau in Lincolnshire ohne Strom und fließendes Wasser. Er war ein viktorianischer Außenseiter, der sich nicht damit abfinden konnte, in der modernen Zeit zu leben. Seine Kinder waren entsetzt, als sie dahinterkamen, daß er die ihm zustehende Rente jahrelang nicht beantragt hatte. Stolz, wie er war, hätte er das als Bettelei empfunden. Er starb am 15. November 1959 im Alter von 92 Jahren. Damit wäre schon alles über dieses scheinbar solide, unspektakuläre, wenngleich nutzbringende Leben gesagt, hätte da nicht 22 Jahre später jemand eine Entdeckung gemacht.

1981 stieß der Autor und Photosammler Sean Sexton auf einem Londoner Antiquitätenmarkt auf einen Koffer mit Hunderten von Photos von einem einzigen Motiv: Gemüse. Händler wie Sammler hatten sie an jenem Tag verächtlich weitergereicht, doch Sexton erkannte ihre Originalität und Qualität auf Anhieb und erstand die ganze Sammlung für ein Spottgeld.

Wer immer diese Photos gemacht hatte, war bei seinen Aufzeichnungen ebenso penibel gewesen wie bei der Anfertigung und dem Druck der Photographien, von Glasplattennegativen hergestellten, goldgetönten Gelatinesilberdrucken. Auf zwei Dritteln der Bilder war Gemüse zu sehen, auf den übrigen je zur Hälfte Obst und Blumen.

Fast alle Photos waren akribisch mit Bleistift beschriftet, und zwar mit dem genauen Pflanzennamen und den Initialen »CJ« (Abb. 2 und 3). Einige waren auch mit dem vollständigen Namen des Photographen signiert – Charles Jones.

Leider geben die wenigen über Jones' Leben bekannten Fakten keinerlei Aufschluß über wichtige Fragen zu seiner Kunst: Wie konnte ein unbedeutender Gärtner derart einzigartige, ausdrucksstarke Photos machen? Wie war die Logik seiner Ästhetik zu erklären? Wie hatte er das Handwerk erlernt? Wie fand er die Zeit für ein derart umfangreiches Werk? Und warum wurde es, wenn es schon bei seinen Zeitgenossen keine Beachtung fand, auch in der Folgezeit ignoriert und erst im letzten Moment vor der Vernichtung gerettet? Diese Fragen werden wohl nie beantwortet werden. Besonders schwierig dürfte es sein zu ergründen, wie Jones' künstlerisches Gespür zustande kam. Hierzu sei angemerkt, daß die Beschäftigung mit Gartenbau, ähnlich wie mit Medizin, den Blick zu schärfen vermag. Auch liegt das Augenmerk des Gärtners häufig gerade auf den unscheinbaren Früchten seines Schaffens. Von daher kann man sich vorstellen, daß der Gärtner und Naturalist, der sich erfolgreich mit der Photographie beschäftigt, auch hingebungsvoll manch besonders schönen Anblick dieser ihm so vertrauten Welt zelebriert.

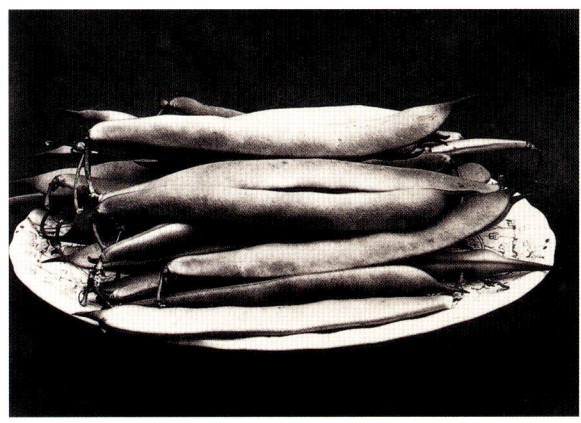

2   Charles Jones
    England, 1866–1959
    *Zwergbohnen Waxpod*
    um 1900
    Goldgetönter Gelatinesilberdruck
    152 x 108 mm

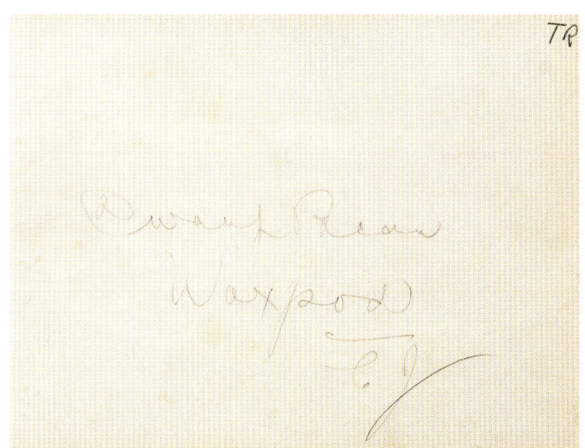

3   Charles Jones
    England, 1866–1959
    Rückseite von *Zwergbohnen Waxpod*
    um 1900
    Goldgetönter Gelatinesilberdruck
    152 x 108 mm

Jones soll einmal in der Zeitschrift *Popular Gardening* inseriert haben. Er bot an, Gartenaufnahmen zu machen, für sechs Pence pro Bild. Man weiß nicht, was daraus wurde, denn bei den meisten erhaltenen Photographien handelt es sich um Nahaufnahmen von Stilleben. Zu erwähnen wäre noch, daß von Jones' Photos – bis auf einige wenige Ausnahmen – jeweils nur ein Abzug existiert. Offensichtlich verstand er sich selbst als ernstzunehmender Photograph oder betrachtete sein Werk zumindest mit soviel Künstlerstolz, daß er jedes Photo sorgsam mit seinen Initialen versah. Warum stellte er dann nicht aus? Charles Jones gehörte zu jenen Künstlern, die man heute als Außenseiter bezeichnen würde. Dem Außenseiter fehlt es nicht an Schaffensdrang und Energie, doch aus Angst vor Ablehnung oder aber, weil er kein Interesse hat, anderen sein Werk zugänglich zu machen, weigert er sich, es auszustellen oder die Menschheit auch nur davon wissen zu lassen. Tatsächlich gibt es heute kaum noch »Außenseiterkunst«, haben die, welche sie schufen, doch mit Erfolg ihre Existenz nachgewiesen und damit ihr Schicksal besiegelt. Eine Erinnerung von Jones' Enkeln ist bezeichnend: Gegen Ende seines Lebens benutzte er die Negativ-Glasplatten im Garten, um seine Pflänzchen zu Beginn der Wachstumsperiode zu schützen. Soweit man weiß, ist kein einziges Negativ erhalten geblieben. Wir können von Glück sagen, daß Sean Sexton die Photos mit Kennerblick prüfte und sie rettete, denn Jones' Werk stellt auf unspektakuläre Weise eine bedeutsame Episode in der jahrtausendealten Verknüpfung von Kunst und Naturkunde dar.

Zu den ersten von Menschenhand geschaffenen Bildern gehört die Höhlenmalerei mit ihren Naturszenen. Auch in späteren Jahrhunderten stellte die Kunst die Natur immer wieder in ihren Dienst. So entstanden Werke, die Verehrung, Ehrfurcht oder wissenschaftliche Aufgeklärtheit ausdrückten. Schließlich dienten die Bilder schlicht der ästhetischen Betrachtung.

4   Albrecht Dürer
    1471–1528
    *Das große Rasenstück*, 1503
    Wasserfarbe und Deckfarbe
    410 x 315 mm

*»Denn wahrhaftig steckt die Kunst in der Natur;
wer sie heraus kann reißen, der hat sie.«*
Albrecht Dürer[3]

Das Stilleben hatte von jeher einen schweren Stand als Kunstform. Es läßt sich in zwei Bereiche untergliedern: den privaten zum Zwecke der Erforschung und Reflexion, und den öffentlichen, der mit Ausstellen und Vermarkten zu tun hat.

Beispiele für den ersten Bereich sind die genialen naturkundlichen Zeichnungen und Aquarelle von Leonardo da Vinci und Albrecht Dürer (Abb. 4). Von

5  Giovanna Garzoni
   Italien, 1600–1670
   *Ein Teller Bohnen*
   Gouache auf Pergament

Forscherdrang, Naturalismus und Schlichtheit gekennzeichnet, gehören sie zu den ergreifendsten Darstellungen der Natur. Charakteristisch für den zweiten Bereich ist das Stilleben in der italienischen und niederländischen Kunst des 17. Jahrhunderts. Als Symbol für den Wohlstand des Unternehmertums sowie als gern eingesetzter moralischer Zeigefinger erlangte das Stilleben eine Bedeutung, wie sie ihm nie wieder zuteil werden sollte. Beispiele dafür sind die fabelhafte Aquarellstillebenserie von Giovanna Garzoni (Abb. 5) und Rembrandts einziger Kupferstich eines Stillebens (Abb. 6).

Im 17., 18. und 19. Jahrhundert gewann das Stilleben als optische Dokumentation für die wissenschaftliche Forschung Bedeutung. Diese Kunstform war

6  Rembrandt
   Niederlande,
   1606–1669
   *Die Muschel* (Conus
   Marmoreus), 1650
   Kupferstich, Kaltnadel
   und Grabstichel II/III
   97 x 132 mm

zwischen nüchterner Berichterstattung und ästhetischer Raffinesse angesiedelt. Redoutés Bildbände über Blumen- und Pflanzenarten (Abb. 7) und John James Audubons *The Birds of North America* sind die vielleicht bekanntesten und herausragendsten Beispiele.

Zu Beginn des 19. Jahrhunderts führten Fortschritte auf den Gebieten der Chemie und der Optik sowie das künstlerische Interesse jener Visionäre, die sich in diesem mehrdimensionalen Bereich hervortaten, zur Entwicklung der Photographie. Schon bei den ersten Experimenten der Pioniere der Photographie kristallisierten sich zwei Formen der Naturdarstellung heraus. Einmal wurde die Natur als seelenloses wissenschaftliches Material behandelt, wie auf den photographischen

7   Pierre Joseph Redouté
    Frankreich, 1759–1840
    *Ginster*, 1786
    Grau lavierte und aquarellierte Zeichnung
    250 x 375 mm

8   Anna Atkins
    England,
    1799–1871
    *Aspidium
    achrosticoides
    (Amerika)*
    um 1850
    Zyanotypie
    258 x 202 mm

Zeichnungen von William Henry Fox Talbot und Anna Atkins (Abb. 8). Im zweiten Fall wurde die Natur wie bei den klassischen Stilleben der Malerei arrangiert. Zu den Meistern dieser Art der bewußten Komposition gehörten Charles Aubry, Henri Le Secq, Adolphe Braun, Roger Fenton, James Valentine (Abb. 9) und Carleton Watkins.

Wann und wo Jones sein umfangreiches, gestochen scharfes Werk schuf, ist nicht bekannt. Die Photos sind nicht datiert, und seine wenigen Landschaften liefern keinen architektonischen oder geographischen Anhaltspunkt. Ein mit 1904 datiertes Photo aus dem Familienalbum sowie das verwendete Photomaterial lassen jedoch vermuten, daß die Photos zwischen 1895 und 1910 entstanden sind. Zudem erscheint es plausibel, daß Jones die Photos während seiner Zeit in Ote Hall machte. Dem Artikel in *The Gardeners' Chronicle* von 1905 zufolge hatte Jones dort eine angesehene Stellung als Gärtner inne und wurde gebührend geschätzt. Es mag ein Versehen sein, daß Jones' photographisches Werk in dem Artikel nicht erwähnt

9  James Valentine
Schottland, 1815–1880
*Reiher*, um 1870
Albumendruck von
Kollodiumglasnegativ
238 x 186 mm

10 Charles Jones
England, 1866–1959
*Gartenszene mit Stoff-
Hintergrund*
um 1900
Goldgetönter
Gelatinesilberdruck
152 x 108 mm

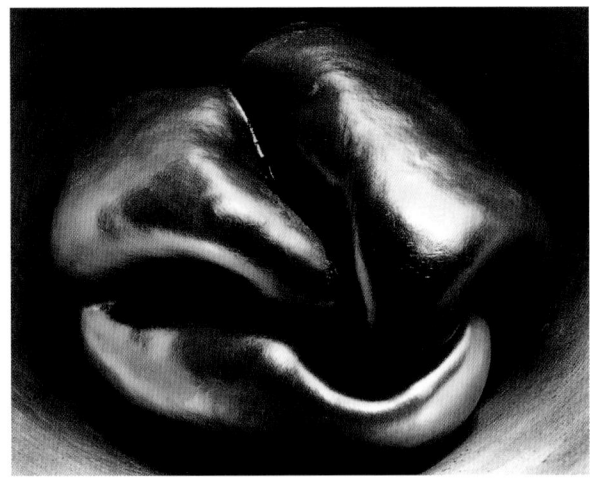

11 Edward Weston
USA, 1886–1958
*Paprika*, 1930
Gelatinesilberdruck
191 x 238 mm

wird. Wahrscheinlicher ist jedoch, daß Jones die Stilleben-Photographie als privates Hobby betrachtete und dem Verfasser des Artikels gegenüber nichts davon erwähnte.

Charles Jones machte seine Aufnahmen nicht in freier Natur, sondern plazierte seine Objekte vor einem hellen oder dunklen Hintergrund (Abb. 10). Formal betrachtet handelt es sich bei diesen Arrangements um Studioporträts. Sie weisen dieselbe sorgfältige Ausleuchtung, Pose und Perspektive auf wie ein Porträt Sarah Bernhardts oder Charles Baudelaires von Félix Nadar oder Etienne Carjat. Einzigartig an Jones' Darstellungsweise ist allerdings, daß er sich nicht an die Vorliebe der Edwardianischen Zeit für gestellte Kompositionen hielt. Das einzig Manieristische, wenn überhaupt, bestand darin, daß er seine Objekte grundsätzlich deutlich isoliert in Szene setzte. Mit Nahaufnahme, langer Belichtungszeit (um bei seinen Objekten wie ihren Schatten Bildtiefe und das komplette Kontrastspektrum zu erzielen) und sparsamen Arrangements nimmt er moderne Aufnahmetech-

12 Josef Sudek
Tschechoslowakei,
1896–1976
*Stilleben mit Apfel*
nach 1950
Gelatinesilberdruck
103 x 95 mm

niken, wie sie Edwin Hale Lincoln, August Kotzsch, Karl Blossfeldt, Edward Weston (Abb. 11), Paul Outerbridge, Albert Renger-Patzsch und Josef Sudek (Abb. 12) anwendeten, vorweg. Kann man im Werk von Charles Jones also einerseits einen Vorgriff auf die weiterentwickelte Stillebenphotographie des 20. Jahrhunderts erkennen, so läßt es sich andererseits auch der großartigen britischen Tradition zuordnen, die von einer kämpferischen, an Exzentrik grenzenden Individualität geprägt ist. Ebenfalls in dieser Tradition stehen Photographen wie William Henry Fox Talbot, Anna Atkins, Julia Margaret Cameron, Frederick Evans, Peter Henry Emerson und John Deakin. Besonders beeindruckend ist, daß Jones in diesem illustren Kreis dank seiner außerordentlichen, konsequenten Sichtweise zu den originellsten, ungewöhnlichsten Vertretern der künstlerischen Photographie in Großbritannien gehört.

Charles Jones hinterließ keine Tagebücher, Notizen oder andere Schriftstücke, in denen er die Gründe für sein derart umfangreiches photographisches Werk genannt hätte. Aufgefordert, seine Kunst zu definieren, erwiderte der Künstler Peter Milton: »Ich wäre ein wahrhaft erbärmlicher Vater, wenn meine Kinder nicht für sich selbst sprechen könnten.«[4] Was Charles Jones angeht, so sind diese Photos höchstwahrscheinlich die einzige Aussage, die wir je von ihm bekommen werden. Verhalten, raffiniert, dabei ebenso bescheiden wie beredt, enthüllt seine Kunst die archetypische und vielgestaltige Schönheit der Natur im Alltäglichen.

Anmerkungen

1 Zitiert in Mark Adams, *Chronicle Books*, San Francisco, 1985, S. 15

2 *The Gardeners' Chronicle*, 20. September 1905, S. 249f.

3 Zitiert aus Baard, *Frans Hals*, 1981, in *A Dictionary of Quotations*, zusammengestellt von Ian Crofton, Schirmer Books, 1988, S. 127

4 Zitiert in G. Baro, *30 Years of American Printmaking*, The Brooklyn Museum, New York 1976, S. 141

Bei Charles Jones' Photographien handelt es sich um goldgetönte Gelatinesilberdrucke von Glasplattennegativen. Es sind Jahrgangs-Drucke aus der Zeit zwischen 1895 und 1910; sämtliche in diesem Buch enthaltenen Photos stammen aus der Sammlung von Sean Sexton in London. Soweit bckannt, ist kein Negativ von Charles Jones erhalten geblieben.

Die Titel der Photos in diesem Band gehen auf Jones' Bleistiftbeschriftung auf der Rückseite der Bilder zurück. Sie entsprechen der englischen Pflanzennomenklatur um 1900 und stimmen nicht unbedingt mit der heutigen Terminologie überein.

Jones fertigte seine Photos in drei Größen an. Die Photos in diesem Band haben in etwa folgende Formate:
1. Größe: 152 x 108 mm, Seiten: 26, 28, 30–38, 41, 43, 46, 47, 52–73, 75, 76, 78–83, 87–91, 94–105, 108–125
2. Größe: 216 x 165 mm, Seiten: 29, 42, 44, 48, 49, 74, 77, 86, 92, 93
3. Größe: 254 x 203 mm, Seiten: 27, 39, 40, 45, 50, 51, 126, 127

# DIE BILDTAFELN

# 1

## GEMÜSE

»In der Betrachtung der Natur läßt ihre Dienerin, die
Kunst, aus kleinen Anfängen Großes erwachsen.«
JOHN DRYDEN, *Annus Mirabilis*, 1666

KOHL IMPERIAL (AUSSCHNITT VON SEITE 77)

26

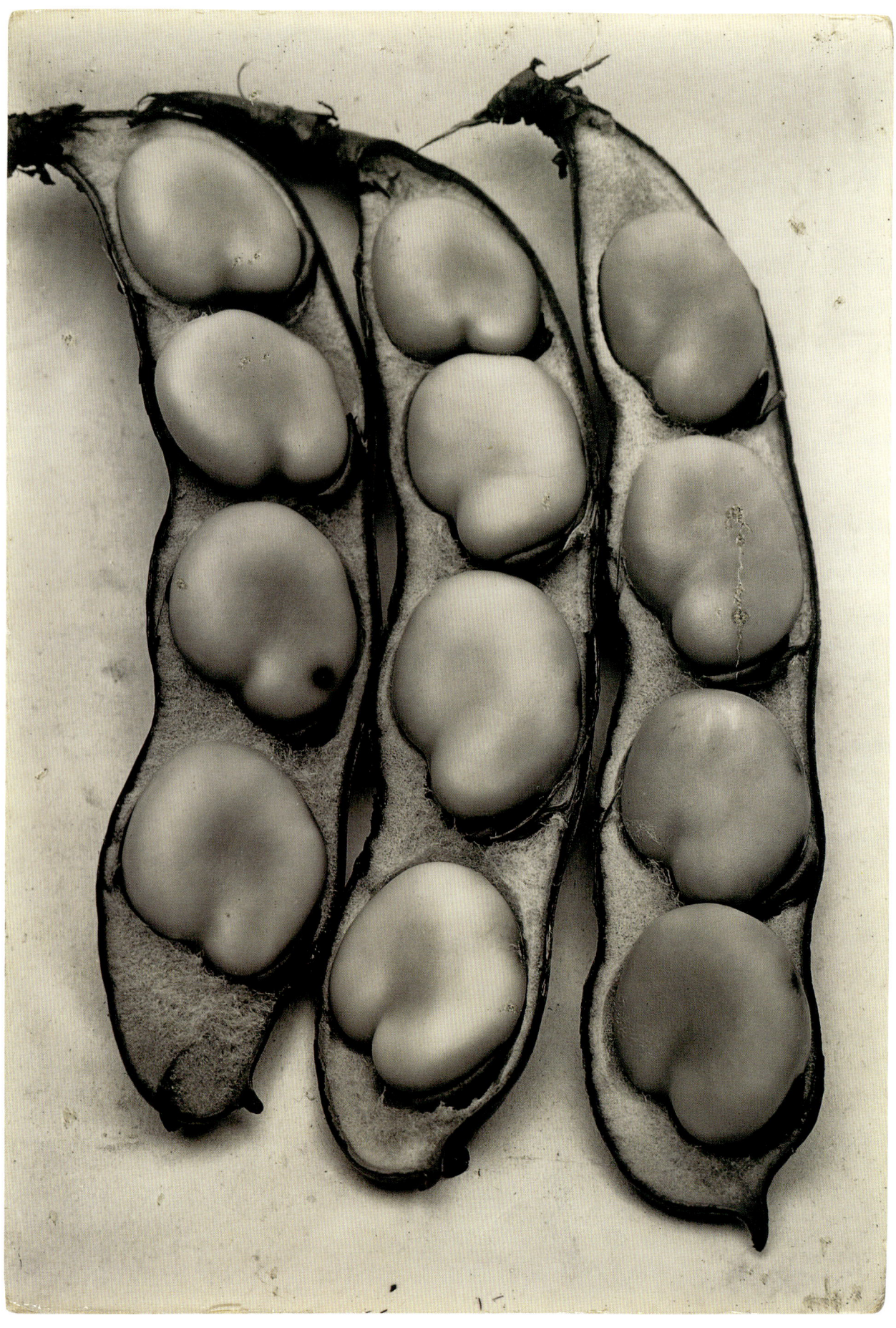

FEUERBOHNE

FEUERBOHNE

28

BOHNE LONGPOD

FEUERBOHNE

Steckrübe Green Top

Herbstrübe White Milan

Erbse Gladstone

ZUCKERERBSE

Erbse Rival

Erbse Early Giant

36

Zwiebel Rousham Park Hero

Zwiebel Brown Globe

38

LAUCH PRIZETAKER

39

BLEICHSELLERIE
STANDARD BEARER

40

BLEICHSELLERIE
STANDARD BEARER

41

BLEICHSELLERIE WRIGHT'S WHITE

KÜRBIS LONG WHITE

43

Kürbis Long White

Rote Rübe Globe

Herbstrübe Green Globe

46

RADIESCHEN RED TURNIP

47

RADIESCHEN WHITE OLIVE

48

Rosenkohl

Tomate Perfection

KARTOFFEL MIDLOTHIAN EARLY

Zwiebel White Tripoli

GURKE RIDGE

GURKE TELEGRAPH

54

(Zwerg-)Bohne Ne Plus Ultra

55

ZWERGBOHNE WAXPOD

56

Kürbis Long White

ZIERKÜRBISSE

Herbstrübe Early Six Weeks

Rote Rübe Globe

60

KOPFSALAT

Kohl Drumhead

62

Rübe Yellow Globe

Rübe Red Tankard

64

Rübe Yellow Globe

Rübe Long Red

Rübe Red Tankard

Rübe Red Tankard

68

Rübe Long Red

69

Steckrübe Green Top

BROKKOLI LATE QUEEN

71

Kürbis Green Striped

72

ZIERKÜRBIS

ZIERKÜRBIS

74

Herbstrübe White

75

Rettich White Icicle

76

Kohl Winnigstadt

77

KOHL IMPERIAL

78

SALAT GIANT COS

BROKKOLI SNOW'S WINTER WHITE

80

BLUMENKOHL VEITCH'S AUTUMN GIANT

Larry's Perfection

Herbstrübe Early Six Weeks

MAISKOLBEN

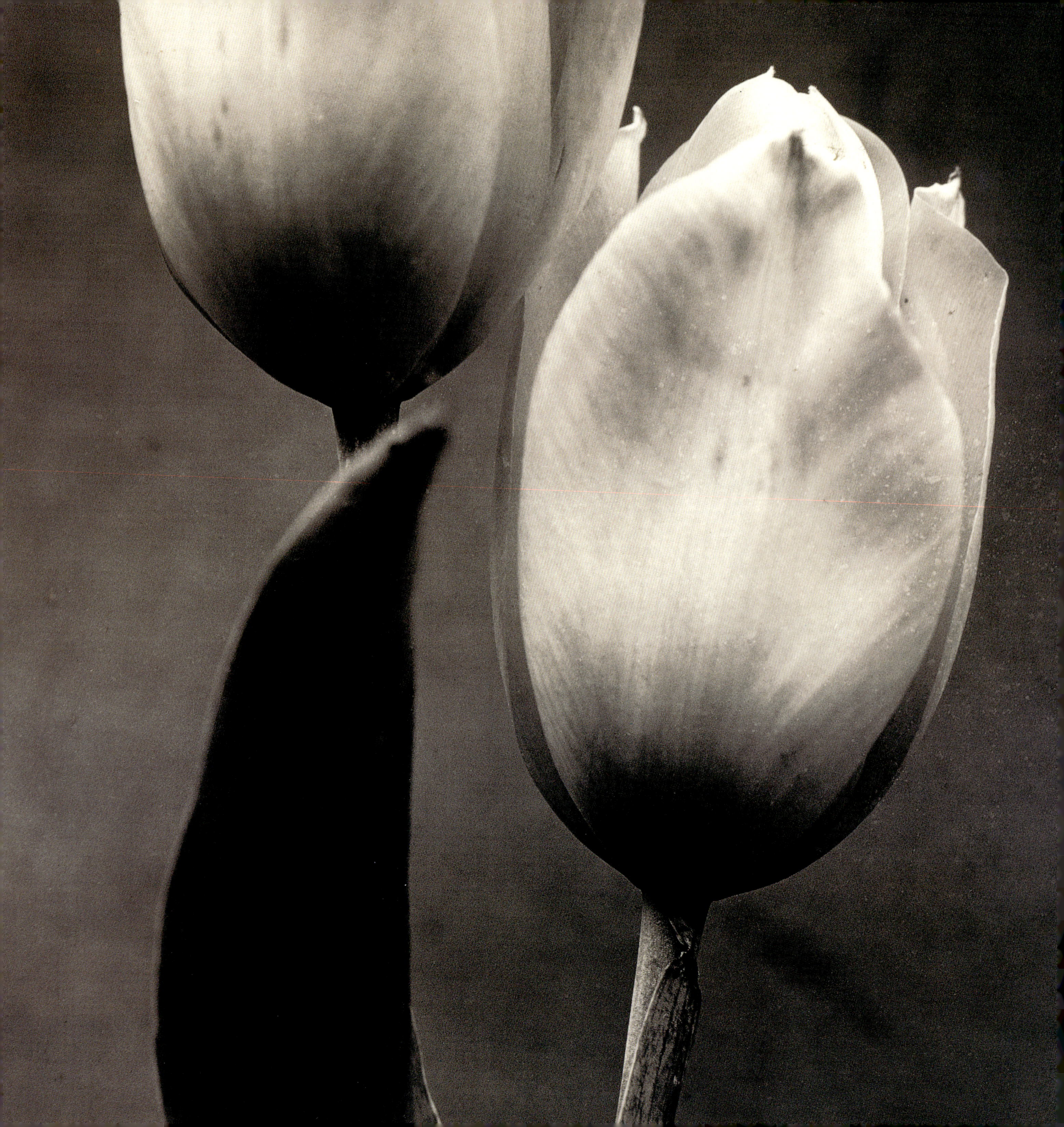

# 2

## BLUMEN

»Die Natur liegt nicht an der Oberfläche,
vielmehr ist sie in der Tiefe verborgen.«
Paul Cézanne

Tulpe gesneriana lutea (Ausschnitt von Seite 90)

IRIS SUSIANA

Tigrida pavonia (Tigerblume)

88

GEMISCHTER ISLAND-MOHN

Gefüllte Stockrosen

90

TULPE GESNERIANA LUTEA

Tulpe Dom Pedro

92

Chrysanthème F. S. Vallis

Hyazinthe Prince Henry

94

BEGONIE SINGLE WHITE

SONNENBLUME SINGLE

COLLERETTE-DAHLIE PILOT

STOKESIA CYANEA

98

Cobaea scandens

Canna

SAMENKAPSELN EINER ROSE

101

TRITOMA UVARIA

102

Hoya carnosa (Wachsblume)

Muscari comosum (Plumosum)

104

Captain Hayward

105

Mrs John Laing

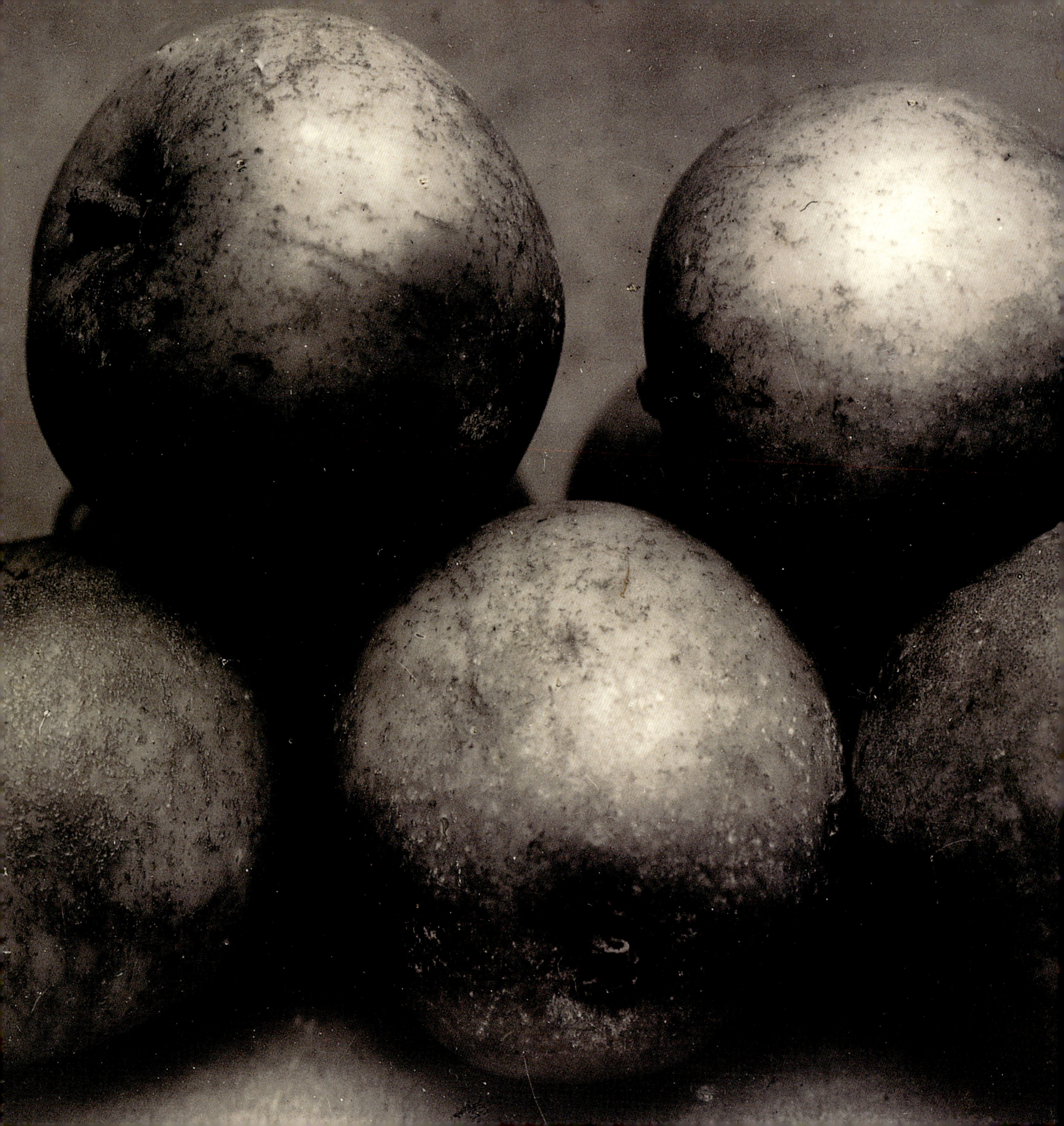

# 3

## FRÜCHTE

»Schönheit in der Kunst ist nichts anderes als Wahrheit, eingebettet in einen Sinneseindruck, den die Natur vermittelt ... Während ich nach gewissenhafter Nachahmung strebe, geht mir doch nicht einen Augenblick das Gefühl verloren, welches mich ergriffen hat. Die Wirklichkeit ist ein Teil der Kunst; das Gefühl ergänzt sie.«
CAMILLE COROT, um 1856

APFEL LEMON PIPPIN (AUSSCHNITT VON SEITE 110)

108

Pflaume Grand Duke

PFLAUME MONARCH

110

Apfel Lemon Pippin

Birne Beurré Rance

Birne Beurré Diel

113

PFLAUME MONARCH

Erdbeere Leader

Reineclaude Qullin's Golden Gage

116

Apfel Ecklinville Seedling

117

Apfel Gateshead Codlin

118

Kirsche Red Bigarreau

119

Rote Johannisbeeren

120

Holzapfel John Downie

Stachelbeére Criterion

122

Kirsche White Heart

ARBUTUS UNEDO (FRÜCHTE DES ERDBEERBAUMS)

124

BIRNE BEURRÉ DIEL

125

Birne Brockworth Park

126

MELONE SUTTON'S SUPERLATIVE

MELONE SUTTON'S SUPERLATIVE

# BILDNACHWEIS

1 Anonym (England)
*Charles Jones*, um 1904
Albumendruck
152 x 108 mm
Sammlung Shirley Sadler

2 Charles Jones (England, 1866–1959)
*Zwergbohnen Waxpod*, um 1900
Goldgetönter Gelatinesilberdruck
152 x 108 mm
Sammlung Sean Sexton

3 Charles Jones (England, 1866–1959)
Rückseite von *Zwergbohnen Waxpod*, um 1900
Goldgetönter Gelatinesilberdruck
152 x 108 mm
Sammlung Sean Sexton

4 Albrecht Dürer (Deutschland, 1471–1528)
*Das große Rasenstück*, 1503
Wasserfarbe und Deckfarbe
410 x 315 mm
Wien, Albertina

5 Giovanna Garzoni (Italien, 1600–1670)
*Ein Teller Bohnen*
Gouache auf Pergament
Palazzo Pitti, Florenz

6 Rembrandt (Niederlande, 1606–1669)
*Die Muschel (Conus Marmoreus)*, 1650
Kupferstich, Kaltnadel und Grabstichel II/III
97 x 132 mm
Fine Arts Museum, San Francisco
Achenbach Foundation for Graphic Arts;
Erwerb, anonyme Schenkung und Geschenk von
Dr. T. Edward und Tullah Hanley im Austausch

7 Pierre Joseph Redouté (Frankreich, 1759–1840)
*Ginster*, 1786
Grau lavierte und aquarellierte Zeichnung
250 x 375 mm
Fine Arts Museum, San Francisco
Achenbach Foundation for Graphic Arts
Erwerb und Schenkung von Phoebe Cowles und
Mark, Michael und Lawrence Gibson

8 Anna Atkins (England, 1799–1871)
*Aspidium achrosticoides (Amerika)*, um 1850
Zyanotypie
258 x 202 mm
Fine Arts Museum, San Francisco
Achenbach Foundation for Graphic Arts
Mrs. Milton S. Latham Fund

9 James Valentine (Schottland, 1815–1880)
*Reiher*, um 1870
Albumendruck von Kollodiumglasnegativ
238 x 186 mm
Fine Arts Museums, San Francisco
Achenbach Foundation for Graphic Arts
Mrs. Milton S. Latham Fund

10 Charles Jones (England, 1866–1959)
*Gartenszene mit Stoff-Hintergrund*
um 1900
Goldgetönter Gelatinesilberdruck
152 x 108 mm
Sammlung Sean Sexton

11 Edward Weston (USA, 1886–1958)
*Paprika*, 1930
Gelatinesilberdruck
191 x 238 mm
San Francisco Museum of Modern Art, Albert M.
Bender Collection, Albert M. Bender Bequest Fund
Purchase 62.1166
© 1981 Center for Creative Photography, Arizona
Board of Regents

12 Josef Sudek (Tschechoslowakei, 1896–1976)
*Stilleben mit Apfel*
nach 1950
Gelatinesilberdruck
103 x 95 mm
Abdruck mit freundlicher Genehmigung von
Christies, London